AF550218

Bildnachweis
© animals digital – Th. Brodmann: S. 18/19; LIndert-Rottke: S. 4 (u. l.), S. 11 (r.)
© blickwinkel – R. Bala: S. 23 (o. l.); M. Delpho: S. 24 (l.); F. Hecker: S. 7, S. 30 (l.); A. Kosten/J. Kosten: S. 24 (r.);
W. Layer: S. 29 (u.); L. Lenz: Cover, S. 4 (u. r.), S. 8 (u.), S. 10 (l.), S. 17 (o. r., u. l.), S. 33 (l.); R. Linke: S. 25 (o. l.);
D. Mahlke: S. 22 (u.); S. Meyers: S. 3, S. 31 (l.); McPHOTO: S. 28 (u.); McPHOTOs: S. 17 (o. l.), S. 21 (o. l.);
U. Ostendorp: S. 6 (r.); J. S. Peifer: S. 21 (o. r.); H. Schmidbauer: S. 26; R. Wilken: S. 5; S. 25 (u. l.);
M. Woike: S. 29 (o.), S. 31 (r.); B. Zoller: S. 32 (l.)
© iStockphoto – anactor: S. 16; AVAVA: S. 27 (r.); choja: S. 21 (u. r.); Christine Glade: S. 6 (l.); craigwalsh: S. 33 (r.);
Created_by_light: S. 25 (o. r.); Danegeld: S. 8 (o.); dennisvdw: S. 28 (o.); DutchScenery: S. 20 (r.); Ihervas: S. 2;
image-2-photography: S. 12/13; Jevtic: S. 17 (u. r.); Johnny Greig: S. 20 (l.); Lya_Cattel: S. 10 (r.); mikedabell: S. 14;
Patrick Heagney: S. 23 (u.); Rhoberazzi: S. 9; rotofrank: S. 11 (l.); SchulteProductions: S. 22 (o.); speedo101: S. 25 (u. r.);
Steinbergpix: S. 4 (o.), S. 32 (r.); Stocknshares: S. 30 (r.); tirc83: S. 15; vandervelden: S. 23 (o. r.);
xxz114: S. 19 (r.); Zibedik: S. 27 (l.)
© Veronika Straaß – S. 34

Originalausgabe

www.hase-und-igel.de
Lektorat: Anna Meißner
Layout: Claudia Trinks
Illustrationen: Hendrik Kranenberg
Druck: Grafisches Centrum Cuno GmbH & Co. KG, Gewerbering West 27,
39240 Calbe (Saale), info@cunodruck.de

ISBN 978-3-86760-785-8
2. Auflage 2025

Veronika Straaß

Das Schwein

Hase und Igel®

Vom Wild- zum Hausschwein

Wie ein Schwein aussieht, weiß jedes Kind: pummelig mit kleinen Augen, Rüsselschnauze, Schlappohren und Ringelschwänzchen. Aber so sahen Schweine nicht immer aus. Vor langer, langer Zeit fingen die Menschen an, Wildschweine zu halten, um ihr Fleisch zu essen. Diese Tiere hatten noch ein dichtes, braunes Borstenkleid und waren schlank und sportlich.

Jeden Tag wurden sie von einem Schweinehirten in den Wald getrieben und suchten sich dort ihr Futter selbst. Sie fraßen Eicheln, Bucheckern, Kastanien, Pilze, Beeren, Käfer, Schnecken und manchmal ein paar junge Mäuse und Vögel.

Erst später trieben die Menschen die Schweine nicht mehr in den Wald. Nun war ihnen nämlich viel wichtiger, dass die Schweine möglichst schnell dick und schwer wurden, damit man sie bald essen konnte. Das ging aber nur, wenn man sie im Stall hielt und fütterte. Aus den schlanken, fitten Tieren wurden allmählich die runden, kurzbeinigen Schweine mit den spärlichen Borsten, die wir heute kennen.

So sieht ein Wildschwein aus – der wilde Verwandte des Hausschweins.

Mein Lexikon

Domestikation: Die Menschen zähmten wilde Tiere und sorgten dafür, dass sich diejenigen vermehrten, die sie am besten für sich nutzen konnten. Wenn sich deshalb im Laufe der Zeit nach den Wünschen der Menschen eine Tierart verändert, sodass aus einem Wildtier ein Haustier wird, nennt man das *Domestikation.*

Die Supernasen

Schlaue Frage

Was ist ein Trüffelschwein?

Trüffel sind sehr wertvolle, seltene Pilze, die tief im Boden wachsen. Schweine können sie mit ihrer Supernase erschnüffeln! Für den Geruch interessieren sich vor allem die Weibchen, denn die Pilze riechen wie ein Männchen, sie duften sozusagen wie Herrenparfüm. Deshalb kann man Schweine bestens zum Trüffelsuchen einsetzen – eben als Trüffelschweine. Immer öfter verlässt man sich aber auch auf ausgebildete Trüffelhunde.

Schweine haben unglaublich gute Nasen – viel bessere als die meisten Tiere. Wenn etwas Fressbares einen halben Meter tief im Boden steckt, kann ein Schwein das noch erschnüffeln und ausbuddeln.

Auch hören können Schweine ziemlich gut – viel besser als wir Menschen. Aber beim Sehen sind wir den Schweinen überlegen. Schweine würden zwar noch eine Bewegung schräg hinter sich bemerken, weil ihre Augen seitlicher am Kopf sitzen als bei uns. Allerdings können sie das Ding, das sich bewegt, nicht scharf sehen. Auch Farbensehen ist nicht ihre Stärke. Wahrscheinlich ist das aber nicht besonders wichtig für sie, denn sie lassen sich ja von ihrer Supernase leiten.

Schweine haben mit ihrer Nase einen der besten Riecher unter den Tieren.

Mit ihrer Rüsselschnauze können sie auch prima im Boden nach Fressbarem wühlen.

Schweineäuglein sind nicht für den großen Überblick gemacht. Dafür funktionieren Ohren und Nase umso besser.

Feinschmecker sind Schweine auch nicht. Sie merken, wenn etwas bitter oder süß ist, aber besonders wählerisch sind sie nicht. Wenn etwas halbwegs fressbar ist, futtern sie es in sich hinein. Da sind auch mal Dinge dabei, die wir absolut eklig finden, zum Beispiel matschige, faulige Rüben.

Schlaue Frage

Warum können Schweine so gut riechen?
Damit ein Mensch oder ein Tier einen Geruch wahrnehmen kann, gibt es an der schleimigen Haut in der Nase sehr viele winzige Stellen, durch die der Duft eindringen kann. Diese Stellen heißen Riechzellen. Schweine haben mehr davon als die meisten anderen Tiere. Echte Supernasen!

Mein Lexikon

Allesfresser:
Tiere, die Pflanzen und Fleisch fressen, heißen *Allesfresser.* Auch tote Tiere stehen auf ihrem Speiseplan. Schweine, aber auch Bären, Ratten oder Dachse sind Allesfresser.

So eine Schweinebande!

Mein Lexikon

Eber, Sau und Ferkel:
Das Männchen bei den Hausschweinen heißt *Eber*, das Weibchen *Sau*. Die Jungen nennt man *Ferkel*.

Hausschweine leben am liebsten in Gruppen mit 15 bis 20 Tieren zusammen. Eine mächtige, schwere, selbstbewusste Muttersau hat das Sagen. Ihre „Untertanen" sind meistens ihre Töchter, die oft schon selbst wieder Ferkel haben.

Den Eber lässt der Landwirt nur zu den Sauen, wenn eine Schweinehochzeit angesagt ist, aber das ist den Sauen wahrscheinlich ganz recht so: Auch bei ihren wilden Verwandten gehen die Männchen gerne ihre eigenen Wege und dürfen nur in der Paarungszeit eine Zeit lang mit der Sauengruppe umherziehen.

Was gibt es Schöneres, als mit Freunden gemeinsam den Tag zu genießen …

… oder auf der Wiese in Gesellschaft auf Futtersuche zu gehen?

Das Leben in der Gruppe ist für so ein Schwein nicht immer friedlich. Es muss Platz machen, wenn die Chefin kommt. Es muss Ranghöheren den Vortritt lassen, wenn es etwas Gutes zu fressen gibt. Wäre es denn nicht viel netter, allein zu leben? Nein, keine gute Idee. Bei den wilden Verwandten unserer Schweine war es wichtig, dass möglichst viele Augen, Ohren und Nasen aufpassten, ob sich etwas Verdächtiges näherte. Unsere Hausschweine haben zwar weder Wolf noch Luchs zu fürchten, aber die Vorliebe für ein Leben in der Gruppe ist ihnen geblieben.

Mein Lexikon

Rotte und Rangordnung:
Eine Schweinegruppe nennt man auch *Rotte*. Wenn in einer Rotte ein Schwein mächtiger ist als ein anderes, dann hat es einen höheren Rang. Die Ordnung in solch einer Rotte heißt *Rangordnung*.

Alles Dreckschweine?

Mein Lexikon

Suhle:
Das Schlammbad der Schweine heißt *Suhle*. Wenn sie sich darin herumwälzen, sagt man, sie suhlen sich.

Schweine sind nicht gelenkig genug, um sich selbst zu kratzen. Deshalb suchen sie sich einfach einen Baumstamm oder einen Pfahl und scheuern sich daran.

Nirgends fühlen sich Schweine wohler als in einem schönen, matschigen Schlammbad. Genüsslich wälzen sie sich in der braunen Brühe. Später, wenn der Schlamm auf der Haut angetrocknet ist, suchen sie sich einen Pfahl oder Baum und scheuern sich die Kruste wieder herunter, dass es nur so staubt.

Eine Riesenschweinerei? Nein, eine geniale Methode, sich sauber zu halten. So verrückt es auch klingt: Schweine pflegen und säubern sich tatsächlich, indem sie sich „einferkeln". In der Schlammkruste ersticken nämlich lästige kleine Tierchen auf der Haut und lassen sich dann mit dem Dreck bequem wegkratzen. Außerdem schützt der Schlamm vor Sonnenbrand – ja, Schweine können tatsächlich Sonnenbrand bekommen! Und der Schlamm sorgt dafür, dass es den Schweinen an Sommertagen nicht zu heiß wird.

So gerne sich Schweine auch „einsauen", ihren Schlafwinkel halten sie sehr sauber. Nie machen sie ihre Haufen dorthin, wo sie anschließend schlafen wollen. Schließlich sind sie ja keine Dreckschweine!

„Grunz!“, „Oink!“ und „Quiek!“

Schweine sagen zu allem ihre Meinung. Ständig grunzt und quiekt jemand in der Schweinerotte. Ein Schwein, das mit sich und der Welt zufrieden ist, sagt hin und wieder: „Nöff!“ Wenn eine Sau ihren Kindern mitteilt, dass sie jetzt trinken sollen, dann grunzt sie ziemlich gleichmäßig: „Grög, grög, grög!“ Und sofort gehen die Ferkel brav an die Zitzen.

Für Forscher

Ob ein Schwein gut oder schlecht gelaunt ist, kannst du nicht nur hören, sondern auch sehen. Ein sicherer Stimmungsanzeiger ist der Ringelschwanz: Wenn Schweine gut drauf sind, ist der Schwanz geringelt. Haben sie aber Angst oder schlechte Laune, hängt das Schwänzchen schlapp herunter.

Zwischen Muttersau und Ferkeln ist ständig eine kleine Grunzunterhaltung im Gange.

Ist ein Schwein aber verärgert, klingt das ganz anders. Kurz, streng und abgehackt blafft es: „Rupp, rupp, rupp!“ Das bedeutet: „Nimm dich in Acht!“ – Eine Ansage, die man ernst nehmen sollte!

Wenn ein Schwein gegen etwas protestiert, quiekt es laut. Manchmal hält es damit auch ein anderes Schwein auf Abstand, das ihm am Futtertrog zu nahe gekommen ist. Oder ein Ferkel quiekt, weil der Bauer es hochgehoben hat.

Hat ein Schwein aber richtig Angst, dann schreit es. Das ist für andere Schweine immer ein Alarmzeichen. Wenn ein Ferkel schreit, ist sofort die Mutter zu Stelle.

Eine angriffsbereite Muttersau „patscht“: Sie klappt die Kiefer mehrmals aufeinander, dass die Spucke schäumt. Wenn ein Schwein das tut, sollte man sich schnellstens zurückziehen. Das ist die letzte Warnung!

Schweinehochzeit

Wenn eine Sau in Paarungsstimmung ist, riecht und hört der Eber das schon von Weitem. Sie duftet für ihn nämlich nicht nur sehr gut, sie grunzt auch auf eine ganz bestimmte Weise, wenn sie sich gerne mit einem Eber treffen möchte.

Es ist so weit: Der Landwirt lässt den Eber zur Sau in den Auslauf. Aufgeregt beschnüffelt er sie und knufft sie mit der Nase in die Seite. Dazu grunzt er Nettigkeiten, knabbert auch mal an ihrem Ohr und lässt seine Kiefer aufeinanderklappen, dass die Spucke schaumig wird. Diese Schaumflocken verströmen einen ganz speziellen Duft, der die Sau noch mehr in Paarungsstimmung bringt.

All dies tut schließlich seine Wirkung. Die Sau hört auf, dem Eber auszuweichen und ihn empört anzuquieken. Endlich bleibt sie stehen und er darf sich mit ihr paaren.

Manchmal ist es aber so, dass Sau und Eber zur Paarung gar nicht zusammenkommen. Einige Landwirte lassen nur den Samen des Ebers bringen, der der Sau eingesetzt wird.

Mein Lexikon

rauschig:
Wenn Sauen in Paarungsstimmung sind, sagt man, sie sind *rauschig*. Hausschweine können das ganze Jahr über rauschig werden.

Mein Lexikon

Paarung:
Bei der *Paarung* überträgt das männliche Tier Samen in das weibliche Tier. Daraus können sich Junge entwickeln, die einige Zeit später auf die Welt kommen. Man sagt, das männliche und das weibliche Tier paaren sich.

Fertig fürs Leben

trächtig:
Wenn eine Sau schwanger ist und Ferkel erwartet, ist sie *trächtig*.

Drei Monate, drei Wochen und drei Tage nach der Paarung ist es so weit: Die Ferkel im Bauch der Sau sind groß genug, um auf die Welt zu kommen. Die Mutter hat schon alles für ihre Sprösslinge vorbereitet. Ein paar Stunden vor der Geburt hat sie etwas abseits von der Rotte an einer sicheren Stelle Stroh, Gras und Zweige zu einer Art Nest zusammengetragen. Es dauert nur wenige Stunden, bis sie ihre Jungen geboren hat.

Wenn Ferkel auf die Welt kommen, sind sie in eine Haut verpackt – genauso wie die meisten anderen Tierbabys. Doch während die anderen Tiermütter ihre Jungen aus dieser Hauthülle befreien, müssen neugeborene Ferkel selbst zusehen, wie sie sich freistrampeln. Es scheint sie auch nicht zu stören, dass sie keine Zungenmassage von ihrer Mutter bekommen. Wenige Minuten nach der Geburt stehen sie schon auf ihren winzigen Füßen und machen sich auf die Suche nach der Milchquelle bei ihrer Mutter. Sie legen also einen Blitzstart ins Leben hin!

Die ersten Schlucke Milch sind für die Ferkel sehr wichtig und etwas ganz Besonderes. Diese Vormilch gibt es nur in den ersten Stunden nach der Geburt. Sie enthält sehr viele Stoffe, die die Ferkel vor Krankheiten schützen.

Eine Geburt ist anstrengend. Die Ferkel machen erst mal ein Nickerchen.

Schlaue Frage

Wie viele Ferkel bringt eine Sau zur Welt?
Schweine bekommen sehr viele Junge auf einmal. Zwölf Ferkel sind für die meisten Schweinerassen ganz normal!

Mein Lexikon

Nestflüchter:
Tierarten, deren Junge schon wenige Stunden nach der Geburt ihren Eltern folgen können, heißen *Nestflüchter*. Die Jungen von Schweinen, aber auch von Pferden, Ziegen oder Hühnern sind Nestflüchter.

Spannende Ferkelkindheit

In den ersten Tagen nach der Geburt bleiben die Ferkel noch bei ihrer Mutter im Nest. Doch jeden Tag werden sie ein bisschen selbstständiger. Sie fangen an, alles um sich herum zu beschnüffeln und zu untersuchen. Es dauert nicht lange, bis sie im Schweinsgalopp über die Wiese toben. Gemeinsam wühlen sie im Boden und nehmen die ersten Schlammbäder ihres Lebens.

Die neugeborenen Ferkel brauchen besonders viel Wärme. Sie schlafen deshalb in der ersten Zeit viel und kuscheln sich im Nest an den warmen Bauch der Mutter.

Mein Lexikon

Zitzen:
Die Brustwarzen von Schweinen, aber auch von Katzen, Hunden und anderen Säugetieren heißen *Zitzen*. Wenn die Jungen an den Zitzen saugen, kommt Milch heraus. Muttersauen haben 14 bis 16 Zitzen, die in zwei Reihen am Bauch angeordnet sind.

Manchmal legen sich Ferkel mit ihren Geschwistern zu einem Haufen zusammen und wärmen sich gegenseitig.

Schon kurz nach der Geburt rangeln die Ferkel unter sich aus, wem welche Zitze „gehört“. Sie trinken dann nur noch an dieser einen Zitze.

Die Ferkel und ihre Mutter erkennen sich genau an der Stimme und am Geruch. Ständig riechen sie den anderen und unterhalten sich miteinander.

Gemeinsam erkunden die Ferkel ihre Umgebung. Alles wird beschnüffelt, angeknabbert, umgewühlt. Das Leben ist ein großes Abenteuer!

Saudumm? Von wegen!

Wer einen anderen „saudumm“ nennt, ist nicht nur gemein. Er zeigt außerdem, dass er keine Ahnung von Schweinen hat. Schweine sind nämlich sehr schlau, sogar schlauer als Hunde und Katzen. In der Liste der schlausten Tiere, kämen Schweine wahrscheinlich an dritter Stelle – nur Menschenaffen und Wale sind klüger.

Schweine lernen viel und vor allem schnell. Eine Trainerin, die Tiere für Filme ausbildet, sagt zum Beispiel: „Einem Schwein bringe ich in 20 Minuten etwas bei, wofür ich bei einem Hund eine Woche brauche.“ Schweine können Gegenstände bringen, sie steigen auf Podeste, können lernen, wie man ein Tor öffnet, wie man Licht anmacht … Die schlausten Schweine haben an die 100 Befehle im Kopf!

Schlaue Frage

Warum arbeitet die Polizei mit Hunden und nicht mit Schweinen?
Schweine sind nicht nur schlauer, sondern auch selbstbewusster als Hunde. Ein Schwein kann die tollsten Dinge lernen – aber es wird sie nur so lange tun, wie es ihm Spaß macht oder es Appetit auf ein Leckerli hat. Anders als ein Hund führt ein Schwein nicht treu alle Befehle aus.

Für etwas Neues sind Schweine immer zu haben.

Wie Schweine leben wollen

Mein Lexikon

Mastschwein: Junge Schweine werden mit besonders nahrhaftem Futter versorgt, damit sie möglichst schnell schwer genug sind, um geschlachtet zu werden – sie werden gemästet. Deshalb heißen sie *Mastschweine*. In nicht mal acht Monaten futtern sie sich ungefähr 100 Kilogramm an.

Aus Schweinehaut gewinnt man Gelatine, die zum Beispiel in Gummibärchen steckt.

Die allermeisten Schweine leben heute leider ganz anders, als es ihrer Natur entspricht. In riesigen Schweinehöfen sind sie gruppenweise in Boxen untergebracht, wo sie möglichst schnell groß und schwer und damit schlachtreif werden sollen. Man füttert sie dort zwar bestens, aber satt heißt noch nicht glücklich. Die Schweine haben kein Stroh, um darin herumzuwühlen, keine Suhle, um sich darin zu wälzen, und nichts, um der täglichen Langeweile zu entgehen.

Schweine, die draußen auf der Wiese und in der Erde nach Fressbarem wühlen dürfen, leben in Freilandhaltung. Das ist ein glückliches Schweineleben.

In den großen Schweinehöfen mit hartem und langweiligem Betonboden werden oft sehr viele Tiere auf kleinem Raum gehalten. Das nennt man Massentierhaltung.

Wie sieht es auf Biohöfen aus? Viel besser. Auf Biohöfen haben Schweine mehr Platz, frische Luft und Tageslicht. Und sie bekommen jede Menge Stroh, in dem sie Nester bauen. Leider können aber nicht auf jedem Biohof die Schweine nach draußen. Manche Biobauern haben nicht genügend Land, um ihre Schweine auf die Weide zu schicken. Nur wo das möglich ist, sind Schweine wirklich glücklich. Sie können leben, wie es sich für ein richtiges Schwein gehört: im Schlamm baden, selbst nach Futter suchen und mit ihren Rüsseln im Boden herumwühlen. Und wenn ihnen danach zumute ist, geht es im Schweinsgalopp über die Wiese.

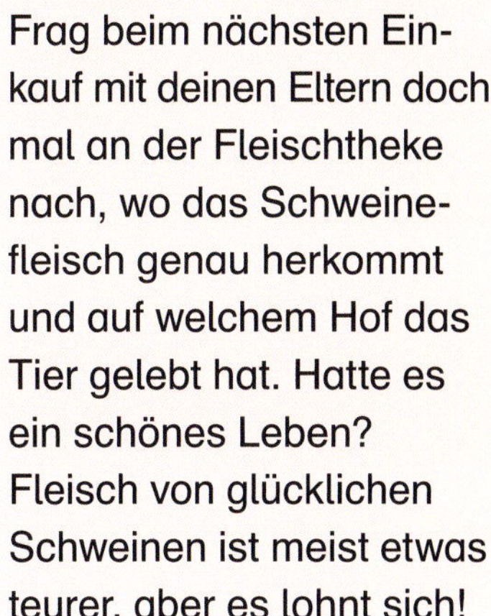

Für Forscher

Frag beim nächsten Einkauf mit deinen Eltern doch mal an der Fleischtheke nach, wo das Schweinefleisch genau herkommt und auf welchem Hof das Tier gelebt hat. Hatte es ein schönes Leben? Fleisch von glücklichen Schweinen ist meist etwas teurer, aber es lohnt sich!

Schweinefleisch kann man in vielen Formen kaufen. Es steckt auch in vielen Wurstsorten. In manchen Religionen, wie Judentum und Islam, gilt Schweinefleisch als unrein und darf nicht gegessen werden.

Schweine im Wohnzimmer?

Minischweine schmusen auch mal gerne und lassen sich streicheln, wenn sie daran gewöhnt sind.

Seit einigen Jahren werden Schweine als Haustiere immer beliebter: Minischweine. Sie lernen schnell, wie die Menschenwelt funktioniert. Sie benutzen ein Katzenklo, sie wissen bald, was „Sitz!“ und „Platz!“ bedeutet, und sie lassen sich mit einer Hundeleine spazieren führen.

Ganz so wörtlich darf man die Sache mit dem Hausschwein allerdings nicht nehmen. Auch wenn die Minischweine im Hundekorb schlafen, sind sie noch lange keine Hunde mit Hufen. Nur in der Wohnung können Schweine nämlich nicht leben. Sie haben nun mal ein paar Bedürfnisse, die sie besser draußen ausleben sollten. Sonst nagen sie aus Langeweile an den Stuhlbeinen oder holen mit ihrem Wühlrüssel die Pflanzen aus den Blumentöpfen.

Auch Minischweine wollen wie Schweine leben – mit einem Auslauf im Freien, in dem sie wühlen, schlammbaden und Strohnester bauen können. Und das alles unbedingt in netter Schweinegesellschaft, denn ein Schwein allein ist wirklich ein „armes Schwein“.

Wenn sich Minischwein und Hund aneinander gewöhnt haben, können sie richtige Freunde werden!

Minischweinen ist die Gesellschaft anderer Schweine so wichtig wie ihren großen Kollegen!

Minischweine laufen ohne Probleme an der Leine – sie lernen es aber nur, wenn sie Lust dazu haben.

Schlaue Frage

Wie groß werden Minischweine?
„Minischwein" bedeutet noch lange nicht, dass sie alle besonders klein bleiben. Minischweine sind nur etwas kleiner als normale Hausschweine. Die kleinsten Minischweine können noch unter einem Stuhl durchlaufen, die größten passen gerade noch stehend unter einen Tisch.

Schweine über Schweine

Mein Lexikon

Paarhufer:
Schweine, aber auch Ziegen oder Schafe nennt man *Paarhufer*. Sie laufen auf zwei Zehen, die besonders kräftig sind und in einem Hornmantel stecken. Die Hufhälften nennt man übrigens Klauen.

Schweine stellen wir uns gerne als pummelige, rosafarbene Tiere vor. Aber Schweine können auch ganz anders aussehen. Manche sind kugelrund, andere sind eher schlank und drahtig, manche haben ein wolliges, dichtes Borstenkleid, andere tragen Flecken und Tupfen auf ihrer dicken Haut.

Die **Deutsche Landrasse** ist bei Metzgern sehr beliebt: Dieser Rasse wurde nämlich eine zusätzliche Rippe angezüchtet, deshalb liefert sie mehr Koteletts. Außerdem hat sie besonders viel fettarmes Fleisch, wie wir uns das wünschen.

Wollschweine haben ein dichtes, lockiges Borstenkleid. Sie frieren nicht so leicht wie die meisten anderen Schweine. Wenn es doch mal zu kalt ist, legen sich die erwachsenen Schweine Bauch an Bauch und nehmen die Ferkel zum Wärmen in die Mitte.

Schwarzer Kopf, schwarzes Hinterteil, eine breite, helle Bauchbinde und Schlappohren über den Augen: So sieht das **Schwäbisch-Hällische Landschwein** aus. Die Eber können so schwer werden wie vier ausgewachsene Männer!

Das **Bunte Bentheimer Schwein** lässt sich von nichts und niemandem so leicht aus der Ruhe bringen. Es braucht kein Spezialfutter, um groß und stark zu werden, wird nur selten krank und sieht mit seinem scheckigen Körper auch noch hübsch aus.

Das **Rotbunte Husumer Sattelschwein** ist mit seinem rotbraunen Körper und der weißen Bauchbinde richtig hübsch. Es hält auch Kälte gut aus, wird nur selten krank und braucht kein teures Mastfutter. Sein Fleisch ist besonders lecker.

Hängebauchschweine kommen aus Asien, sind sehr pummelig und sehen wegen ihrer dicken, faltigen Haut immer ein bisschen mürrisch aus. In Wirklichkeit sind sie aber lebhaft und neugierig und bei Schweinefreunden sehr beliebt.

Glücksschwein und Sparschwein

Auch wenn man in der Stadt lebt, hat man jeden Tag mit Schweinen zu tun – mit Schweinen in der Sprache. Sicher hast du auch schon mal den Satz gehört: „Da hab ich aber Schwein gehabt!“ Wenn früher ein Wettkampf stattfand, gab es nämlich einen netten Brauch: Der Verlierer bekam als Trostpreis ein Ferkel oder Schwein geschenkt. Er hatte unverdientes Glück, er „hatte Schwein“, obwohl seine Leistung eigentlich „unter aller Sau“ war.

„Viel Schwein im neuen Lebensjahr!“ – So oder so ähnlich sehen viele Glückwunschkarten aus.

Für Forscher

Mach dich doch mal auf die Suche, wo in unserer Sprache überall das Schwein vorkommt. Da gibt es Steigerungen wie „saustark“, „saugut“ oder „saukomisch“. Wer gut bezahlt wird, verdient ein „Schweinegeld“. Andererseits sind ärgerliche Dinge „saumäßig“, bei „Sauwetter“ gießt es in Strömen und eine „Sauarbeit“, die auch noch „sauschlecht“ bezahlt wird, ist einfach eine „Sauerei“! Welche Ausdrücke kennst du noch?

Wer dieses entspannte Tier „faule Sau“ schimpft, ist wahrscheinlich nur neidisch!

Schweine sind bekanntlich fruchtbare Tiere. Außerdem konnte man sie mit Essensresten und Abfällen dick und rund füttern, ohne teures Futter kaufen zu müssen. Wenn man es mit jemandem gut meinte, konnte man ihm nichts Besseres wünschen als „viel Schwein“. Von diesem Wunsch war es nicht mehr weit bis zum „Glücksschwein“.

Schweine werden schnell dick und fett, wenn man sie gewissenhaft füttert. Kein Wunder, dass Spardosen in Schweinegestalt so beliebt sind.

Die **Pinselohrschweine** in Afrika sehen sehr außergewöhnlich aus! Zum borstigen rotbraunen Fell tragen die Schweine einen langen Rückenkamm aus längeren weißen Haaren. Dazu haben sie ein schwarzes Gesicht, eine weiße „Brille" um die Augen, einen weißen Backenbart und an den Ohrenspitzen lustige lange Haarbüschel.

Bartschweine haben rund um die Schnauze einen richtigen buschigen Walrossbart. Bartschweine sind in den warmen Gebieten Asiens zu Hause. In Großfamilien streifen sie durch Urwälder und suchen nach Wurzeln, Knollen, kleinen Tieren und Früchten. Sie folgen gerne den Affenhorden und sammeln die Früchte auf, die den Affen beim Fressen herunterfallen.

Fast überall in Afrika gibt es **Warzen-schweine**. Sie heißen so, weil sie im Gesicht vier große Warzen tragen. Warzenschweine sind zwar kleiner als unsere Wildschweine, können sich aber genauso gut wehren. Mit ihren großen Zähnen, den Hauern, schlagen sie manchmal sogar Leo-parden in die Flucht.

Eine sehr merkwürdige Schweineart ist der **Hirscheber**. Er trägt kein Fell, sondern nur faltige, nackte Haut mit ein paar Borsten. Und besonders seltsam ist: Er hat nicht nur im Maul Hauer, sondern auch oben auf dem Nasenrücken! Hirscheber gibt es auf ein paar Inseln in Südostasien. Sie sind gute Schwimmer und leben am liebsten am Wasser.

Wildschweine im Tulpenbeet

Schweine sind schlau und kriegen schnell mit, wo es etwas zu holen gibt. Das gilt nicht nur für Hausschweine, sondern auch für die braunen, langborstigen Wildschweine, die bei uns in freier Natur leben. Längst haben sie gemerkt, wie viel wir Menschen übrig lassen. Komposthaufen, Fallobst, weggeworfene Butterbrote, Überbleibsel nach einem Picknick im Park, Pommesreste hinter der Imbissbude: Was für uns Abfall ist, ist für Wildschweine leckeres Futter.

Für Forscher

Hast du schon mal so eine Spur gesehen? Sie stammt von einem Wildschwein. Ganz deutlich kann man die beiden großen Hufhälften erkennen, dahinter die Abdrücke der beiden kleinen Klauen. Solche Spuren findest du nicht nur im Wald, sondern auch im Stadtpark oder im Blumenbeet!

Von Wildschweinmüttern mit ihren Jungen sollte man unbedingt Abstand halten! Wenn sie glauben, ihre Kinder seien in Gefahr, werden sie sehr, sehr ungemütlich.

Mittlerweile sind ganze Wildschweinrotten in die Großstädte umgezogen. Im Herbst, wenn vor der Stadt ein Maisfeld nach dem anderen abgeerntet wird, verschwinden dort ihre Verstecke. Neue Schlupfwinkel finden sie in der Nähe des Menschen. Auf unbebauten Grundstücken, in dichten Hecken in Parks und in Stadtwäldern fühlen sie sich wohl.

Wildschweine in der Nachbarschaft müssen noch kein Problem sein. Aber leider haben Menschen angefangen, Wildschweine zu füttern – und prompt lernen die Tiere: Menschen sind harmlos und nicht ernst zu nehmen. Das kann gefährlich werden! Lassen wir Wildtiere lieber wild bleiben. Das ist für alle besser.

Schlaue Frage

Was tun, wenn Wildschweine im Garten sind?

Auf alle Fälle ruhig bleiben und Abstand halten, sodass sich das Wildschwein in Ruhe zurückziehen kann. Hinausrennen und die Wildschweine vertreiben ist eine ganz schlechte Idee! Die Tiere können nämlich ganz schön ungemütlich werden, wenn sie sich bedroht fühlen. Eine noch schlechtere Idee ist es, den Hund hinauszuschicken, damit er die Wildschweine verscheucht! Wildschweine können Hunde nicht leiden.

Dieses Wildschwein hat gelernt, dass Menschen nützlich sind und Futter bringen.

Interessantes zum Schwein

Was machen Schweine, wenn es ihnen zu heiß ist?

Wenn uns Menschen heiß wird, schwitzen wir. Das kühlt! Schweine können aber nicht schwitzen. Sie haben keine Schweißdrüsen – außer auf ihrer Nasenscheibe. Sie kühlen sich auf eine andere Art ab: Sie legen sich einfach ins Wasser.

Wie schwer können Schweine werden?

Die meisten Schweine werden „nur" 100 bis 125 Kilogramm schwer. Haben sie dieses Gewicht erreicht, kommen sie in den Schlachthof. Unsere Schnitzel stammen also von sehr jungen Schweinen. Ein ausgewachsenes Schwein kann mehr als doppelt so schwer werden.

Woher hat das Spanferkel seinen Namen?

Das Gericht findet man oft auf der Speisekarte. „Span“ nennt der Bauer die Zitze der Muttersau. Solange Ferkel bei der Mutter an der Zitze trinken, heißen sie deshalb Spanferkel. Sie werden im Alter von etwa sechs Wochen geschlachtet. Ihr Fleisch ist besonders zart.

Warum heißen Schweine auch Borstenvieh?

Wer einmal ein Schwein gestreichelt hat, weiß: Schweinehaare fühlen sich sehr rau an. Für Bürsten und festere Pinsel sind diese Borsten aber genau richtig. Dazu werden die Borsten sortiert, dann gebleicht und schließlich ganz fest zu kleinen Büscheln zusammengebunden.

Die Autorin

Veronika Straaß ist Diplom-Biologin und als Autorin, freie Journalistin, Übersetzerin und Lektorin tätig. Sie hat bereits zahlreiche Bücher und Zeitschriftenartikel für Kinder und Jugendliche verfasst. Es ist ihr wichtig, den jungen Lesern die Natur vor unserer Haustür näherzubringen. In ihrer Freizeit beschäftigt sie sich gerne mit ihrer Eurasier-Hündin Luna.